SCHOLASTIC
News
Nonfiction Readers® en español

Cómo crece un tiburón

Por
Pam Zollman

Children's Press®
An Imprint of Scholastic Inc.
New York Toronto London Auckland Sydney
Mexico City New Delhi Hong Kong
Danbury, Connecticut

Consultant: William Fink
Professor of Ecology and Evolutionary Biology
University of Michigan
Ann Arbor, Michigan

Curriculum Specialist: Linda Bullock

Special thanks to the Kansas City Zoo

Photo Credits:

Photographs © 2005: Corbis Images/Jeffrey L. Rotman: back cover; Dembinsky Photo Assoc.: 2, 15 (Jesse Cancelmo), 23 top left (E. R. Degginger); marinethemes.com/Kelvin Aitken: front cover, 1, 20 bottom, 20 top, 21; Nature Picture Library Ltd.: 5, 10 (Jurgen Freund), 23 bottom left (Constantinos Petrinos); Photo Researchers, NY/Mark Harmel: 23 top right; Seapics.com: 4 bottom left, 16 (Phillip Colla), 5 bottom left, 11 (Mark Conlin), 4 top right, 19 bottom (David B. Fleetham), 5 top left, 8 (Howard Hall), 4 bottom right, 5 bottom right, 7, 9, 13, 20 center left, 23 bottom right (Doug Perrine), 17 (Masa Ushioda), 19 top (James D. Watt).

Book Design: Simonsays Design!

Library of Congress Cataloging-in-Publication Data

Zollman, Pam.
  [Shark pup grows up. Spanish]
  Cómo crece un tiburón / por Pam Zollman
     p. cm. — (Scholastic news nonfiction readers en español)
  Includes bibliographical references and index.
  ISBN-13 978-0-531-20708-6 (lib. bdg.)   978-0-531-20642-3
  ISBN-10 0-531-20708-0 (lib. bdg.)   0-531-20642-4
  1. Sharks—Development—Juvenile literature. I. Title. II. Series.
  QL638.9.Z6518 2008
  597.3'139—dc22

                    2007050257

CONTENIDO

Caza de palabras

Busca estas palabras mientras lees. Aparecerán en **negrita.**

adulto

peces

hendiduras branquiales

cápsula

embrión

**salir del
huevo**

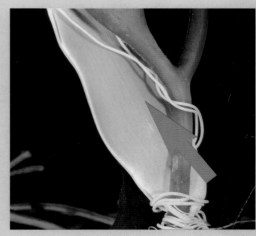

bolsa/saco

Crías de tiburones

Los tiburones son **peces.**
Los peces viven en el agua.
Tienen aletas y agallas.

Las tiburones tienen unas
aberturas a cada lado del
cuerpo llamadas
hendiduras branquiales,
donde se encuentran las
agallas.

Los tiburones respiran a través de las agallas. Las agallas se encuentran en las hendiduras branquiales.

hendiduras branquiales

aletas

¿Sabes cómo nace un tiburón?

Algunos tiburones nacen de huevos. Los huevos se encuentran dentro de **cápsulas.**

Las cápsulas de algunos huevos parecen ser **bolsas.**

Las cápsulas de otros huevos tienen la forma de tornillos.

cápsula

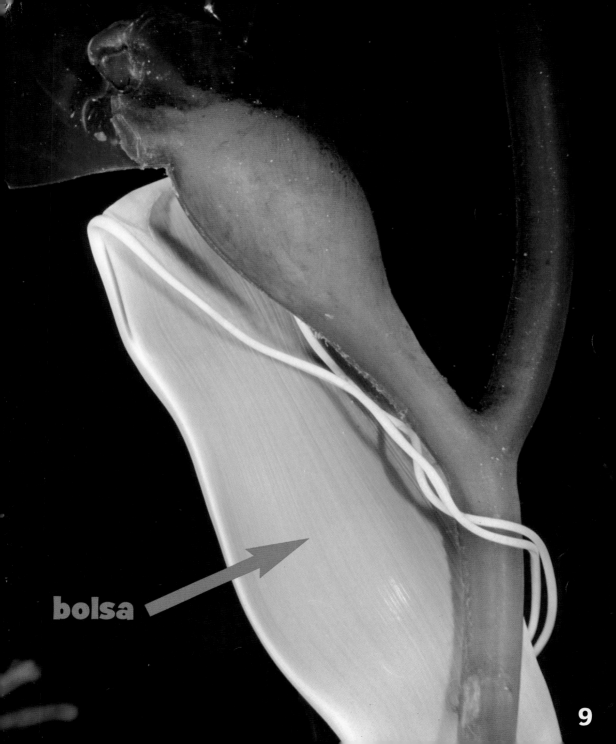

bolsa

9

Los **embriones** de tiburón crecen dentro de los huevos.

¿Cómo salen de los huevos?

Las crías usan sus dientes afilados para romper las cápsulas.

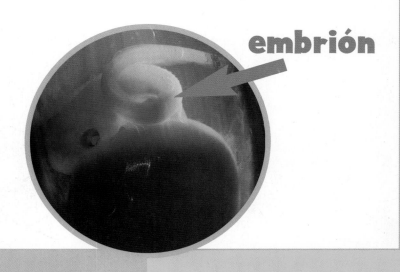

embrión

¡Mira! Esta cría de tiburón
sale de la cápsula.

La mayoría de los tiburones no nace de huevos.

Crece dentro de sus madres.

Las crías de tiburones pueden nadar en cuanto nacen.

¡Cuidado!

Los tiburones grandes se pueden comer las crías.

Las crías nadan a toda velocidad para escaparse.

Utilizan la cola para moverse en el agua.

Este tiburón puede estar buscando comida. ¡Tengan cuidado, crías!

¿Sabes qué comen las crías de los tiburones?

Comen cangrejos y peces.

También comen almejas y calamares.

pez

Esta cría de tiburón
puede comerse algunos
de estos peces.

Existen muchos tipos de crías de tiburones.

Las crías crecen y se convierten en tiburones **adultos.**

Entonces, estos tiburones tendrán sus propias crías.

Este es un tiburón ballena.

Este es un gran tiburón blanco.

Cómo crece un tiburón

1 ....

La madre pone un huevo cubierto por una cápsula.

2 ....

Este huevo está dentro de una cápsula que parece un tornillo.

3 ....

¡Mira! Esta cría de tiburón sale de la cápsula.

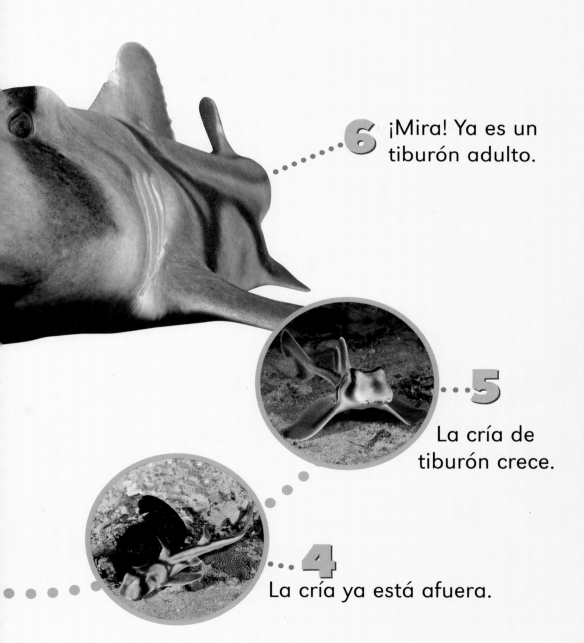

6 ¡Mira! Ya es un tiburón adulto.

5 La cría de tiburón crece.

4 La cría ya está afuera.

21

Nuevas palabras

adulto persona o animal que ha llegado a su mayor crecimiento

bolsa envoltura de algunos huevos de tiburón con forma de saco

cápsula envoltura que protege algunos huevos de tiburón

embrión formación dentro de un huevo o dentro de la madre que da lugar a un animal

hendiduras branquiales aberturas a los lados del cuerpo de un pez que cubren las agallas

pez animal que vive en el agua, tiene aletas y respira a través de agallas

salir del huevo proceso por el cual nacen los animales ovíparos

¿Qué otros animales viven en el océano?

la almeja

la medusa

el caballito
de mar

el calamar

ÍNDICE

UN POCO MÁS

Libro:
Eyewitness: Shark
by Miranda MacQuitty (DK Publishing, 2004)

Página web:
http://www.enchantedlearning.com/subjects/sharks/

SOBRE LA AUTORA:

Pam Zollman es una autora que ha sido premiada por sus cuentos, artículos y libros para niños. Es autora del libro *North Dakota* (Scholastic Children's Press) y otros libros de esta serie sobre los ciclos de vida. Vive en un área rural de Pensilvania, donde no hay tiburones.